Liebe Kolleginnen und Kollegen,

die vorliegenden Kopiervorlagen für die Freiarbeit enthalten Übungen, die genau auf das Lehrwerk *Tous ensemble 1* zugeschnitten sind und durch einen Verweis auf die Seite im Schülerbuch gekennzeichnet sind.

Als Instrument der Differenzierung und Individualisierung des Unterrichts zielen sie darauf ab, die Schülerinnen und Schüler in die Lage zu versetzen, die jeweilige *Tâche* einer Lektion leichter und besser bewältigen zu können.

Ein abwechslungsreiches Übungsangebot mit unterschiedlichen Schwierigkeitsgraden und kooperativen Arbeitsformen bietet den Schülerinnen und Schülern die Möglichkeit, neben ihren sprachlichen Kompetenzen auch soziale Kompetenzen zu stärken. Dabei sollen vor allem das kooperative und selbstgesteuerte Lernen gefördert werden.
Als Grundprinzip aller Aufgaben gilt, dass die Schüler ihre Arbeitsergebnisse anhand der Kopiervorlage bzw. mit Hilfe der Lösungen bzw. Lösungsvorschläge miteinander vergleichen.

Neben bewährten Übungsformen wie Tandembögen, *domi-mots, la bonne carte*, Satzpuzzle, Partnerbögen und Spielen gibt es auch neue Übungstypen wie Frage-Antwort- und Dialog-Karten, die vor allem der Sprachaktivierung, der Förderung der Mündlichkeit und der Vorbereitung auf mündliche Prüfungen dienen.

Wir wünschen Ihnen viel Erfolg bei der Umsetzung der Vorschläge,

Ihr *Tous ensemble*-Team

Inhaltsverzeichnis	Seite
Leçon 1	2
Leçon 2	7
Leçon 3	17
Leçon 4	29
Leçon 5	40
Leçon 6	51
Mon agenda	62
Lösungen	63

Symbole

- Einzelarbeit
- Partnerarbeit
- Gruppenarbeit

1 Jeu – Bonjour, la France! → SB S. 8/9

1. *Schneidet die Karten aus, mischt sie und legt sie verdeckt auf den Tisch.*
2. *Spielt zu zweit oder zu dritt. Findet heraus, was aus Frankreich kommt oder nicht.*
3. *Wer am Schluss die meisten Frankreichkarten hat, gewinnt.*

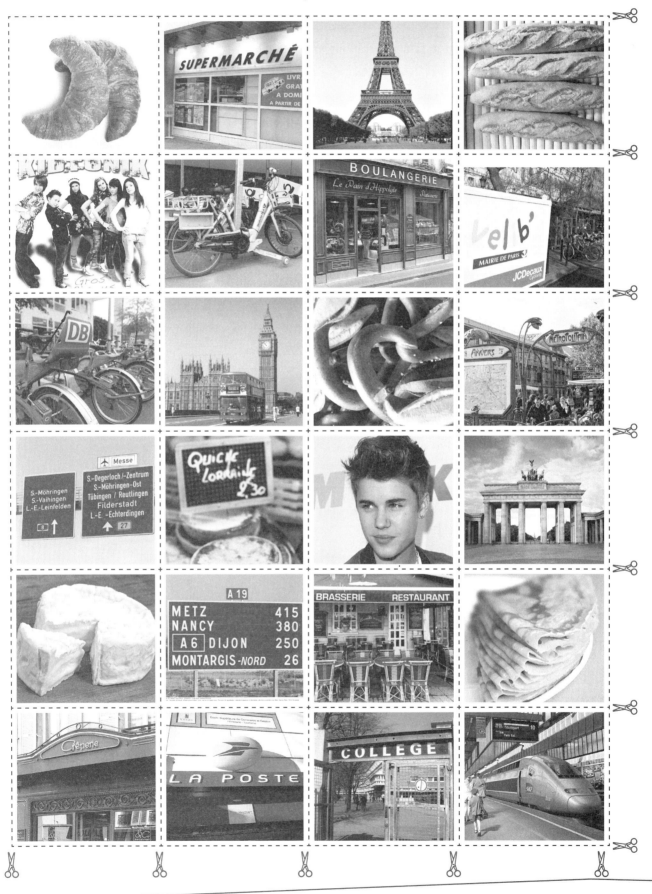

2 Puzzle – Salut et au revoir → SB S. 12/13

1. *Schneide die Satzstreifen aus und bringe den Dialog in die richtige Reihenfolge.*
2. *Vergleiche mit einem Partner, ob ihr das richtige Lösungswort habt.*
3. *Spielt den Dialog.*

Maxime: Au revoir, Julie.	O
Julie: Salut.	N
Julie: Salut, Maxime. Ça va?	A
Julie: Ça va, merci.	D
Maxime: Oui, ça va. Et toi, Julie?	R
Maxime: Salut, Julie.	P

3 Domi-mots – C'est qui? → SB S. 12/13

1. *Schneidet die Kärtchen aus und mischt sie.*
2. *Verteilt die Karten gleichmäßig. Der Spieler mit der **Début-Karte** legt seine Karte auf den Tisch.*
3. *Wer den passenden Satz hat, legt die Karte an und liest den Satz laut vor. Danach wird an das nächste Bild der passende Satz gelegt.*
4. *Das Spiel ist beendet, wenn die **Fin-Karte** gelegt wurde.*

Début		C'est Julie.	
C'est Maxime.		C'est M. Petit.	
C'est Mme Laval.		C'est Amir.	
C'est Malika.		C'est Titou.	
C'est Lina.		C'est Théo.	
C'est Emma.		C'est Farid.	Fin

4 Tandembogen – Salut! Ça va? → SB S. 14, Nr. 5

Dein Freund hat seinen Austauschpartner Paul aus Paris zu Besuch. Du unterhältst dich mit Paul.

1. Faltet den Bogen in der Mitte.
2. Übertragt abwechselnd die deutschen Sätze ins Französische.
3. Korrigiert euch gegenseitig mit den Lösungen in Klammern.
4. Tauscht die Rollen.

Toi	Paul
Du begrüßt Paul.	[Salut!]
[Salut! Ça va?]	Du erwiderst die Begrüßung und fragst, wie es geht.
Du bedankst dich und sagst, dass es dir gut geht.	[Merci. Ça va.]
[Tu t'appelles comment?]	Du fragst nach dem Namen.
Du nennst deinen Namen und fragst, wie er heißt.	[Je m'appelle … Et toi?]
[Je m'appelle Paul et j'habite à ...]	Du nennst deinen Namen und sagst, dass du in ... wohnst.
Du sagst, dass du in ... wohnst.	[J'habite à …]
[Au revoir!]	Du verabschiedest dich.
Du verabschiedest dich von Paul.	[Salut / Au revoir, Paul!]

5 Partnerbogen – Les nombres → SB S. 15, Nr. 7

1. *Partner **A** deckt den B-Teil und Partner **B** den A-Teil ab.*
2. ***A** nennt ein leeres Feld im A-Teil. **B** sagt, wie viele Baguettes sich in dem Feld im B-Teil befinden. **A** trägt die Ziffer in das leere Feld im A-Teil ein.*
3. *Danach nennt **B** ein leeres Feld im B-Teil. **A** nennt die Anzahl der Croissants in seinem Feld usw.*

A

B

6 Dialogkarten – Bonjour madame, salut Marie! → SB S. 14, Nr. 5

1. *Schneidet die Karten aus und setzt euch gegenüber.*
2. *Spielt zu zweit oder zu dritt. Zieht eine Karte, wählt eine Person und führt einen Dialog.*

Name: Klasse: Datum:

2

1 La bonne carte – Voilà un stylo → SB S. 19–21

1. *Schneidet die Karten aus, mischt sie und legt sie verdeckt auf den Tisch.*
2. *Spielt zu zweit oder zu dritt. Nehmt abwechselnd zwei Karten.*
3. *Wenn du ein passendes Wort-Bild-Paar findest, kannst du es behalten und auf deinen Stapel legen.*
4. *Wer die meisten Paare findet, gewinnt.*

	un sac		un cahier
	un stylo		une règle
	un livre		une gomme
	un crayon		une trousse
	un effaceur		une casquette
	un chat		un chien
	un euro		un magazine

2 Tandembogen – Une règle, s'il vous plaît → SB S. 20/21

1. *Faltet den Bogen in der Mitte.*
2. *Führt einen Einkaufsdialog anhand der Angaben zwischen der Verkäuferin und Maxime.*
3. *Kontrolliert euch gegenseitig anhand der Lösungen in Klammern.*
4. *Tauscht die Rollen.*

Vendeuse	Maxime
[Bonjour, madame. Un crayon et une gomme, s'il vous plaît.]	
	[Voilà. Ça fait quatre euros.]
[Oh! Un magazine! Super!]	Oh!
Alors,	[Alors, un crayon, une gomme et un magazine.]
[Et un cahier, s'il vous plaît.]	Et _____ , s'il vous plaît.
	[Un crayon, une gomme, un magazine et un cahier. Ça fait huit euros.]
[Voilà dix euros.]	Voilà
	[Et deux euros. Au revoir.]
[Merci et au revoir, madame.]	Merci et

3 Partnerbogen – Un ou une? → SB S. 22, Nr. 3

1. *Fragt euch gegenseitig. **A** zeigt auf ein Bild, **B** nennt das Wort mit dem richtigen Artikel **un/une**.*
2. *Dann zeigt **B** auf ein Bild und **A** nennt das Wort mit Artikel usw.*
3. *Helft euch gegenseitig, wenn ihr ein Wort nicht wisst.*

une	une	un	un	un
un	une	un	une	un
un	un	un	un	une

4 Dialogkarten – A la papeterie → SB S. 22, Nr. 5

1. *Führt einen Einkaufsdialog.*
2. *Schneidet die Karten aus und legt sie auf einen Stapel.*
3. *Partner **A** zieht zwei oder drei Karten und beginnt. **B** antwortet.*
4. *Danach beginnt Partner **B**.*
5. *Am Ende werden die Karten neu gemischt und ihr startet von vorn.*

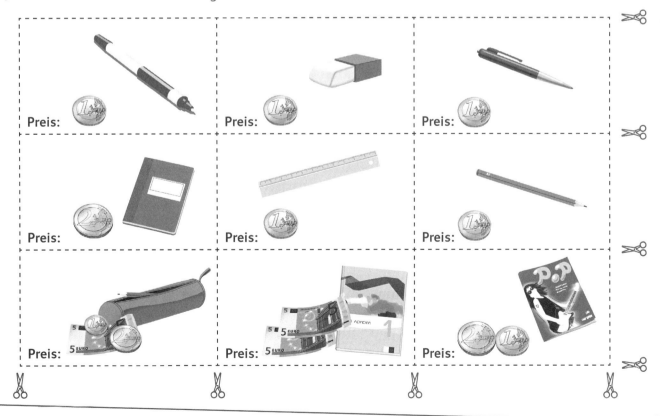

5 Tandembogen – Maxime a un frère? → SB S. 24/25

1. *Faltet den Bogen in der Mitte.*
2. *Partner **A** stellt die erste Frage. Partner **B** antwortet und stellt die nächste Frage usw.*
3. *Kontrolliert euch gegenseitig anhand der Lösungen in Klammern.*
4. *Tauscht die Rollen.*

A	B
C'est qui? [C'est monsieur Renaud. C'est le prof d'allemand.]	
	C'est qui? [C'est madame Garnier. C'est la prof de maths.]
C'est qui? [C'est Maxime.]	
	Maxime, il a un frère? [Oui, il a un frère.]
Il s'appelle comment? [Il s'appelle Antoine.]	
	C'est qui? [C'est Camille.]
Camille, c'est la sœur d'Amir? [Non, c'est la sœur de Maxime et d'Antoine.]	
	Elle a quel âge? [Elle a huit ans.]
Qu'est-ce que c'est? [C'est le sac de Camille.]	
	Julie a un portable? [Non, Amir a un portable.]

6 Frage-Antwort-Karten – Il a un chat? → SB S. 26, Nr. 7

1. *Schneidet die Karten auseinander und setzt euch gegenüber.*
2. *Führt einen Dialog. **A** beginnt, **B** antwortet und setzt das Gespräch fort.*
3. *Tauscht am Ende die Karten und wiederholt das Gespräch.*
4. *Danach führt ihr den Dialog 2.*

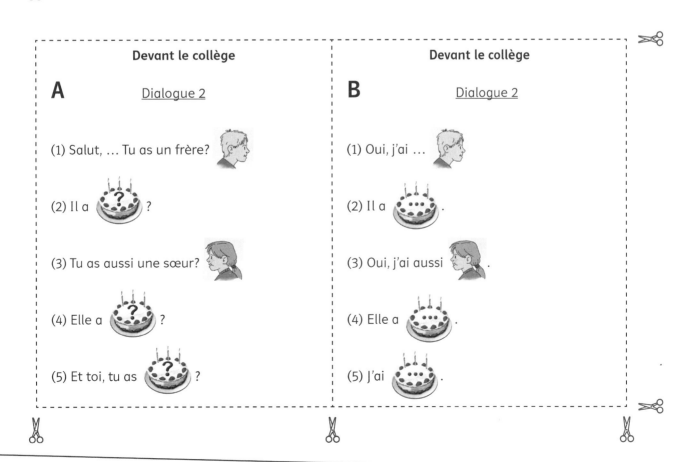

Devant le collège

A — Dialogue 1
(1) Salut, … Tu as un [chien] ?
(2) Oui, j'ai un … super.
(3) Il a [gâteau] .
(4) Non. Et toi?
(5) Il s'appelle comment?

B — Dialogue 1
(1) Non. Et toi?
(2) Il a [gâteau] ?
(3) Tu as aussi un [chat] ?
(4) Oui, j'ai un …
(5) Il s'appelle …

Devant le collège

A — Dialogue 2
(1) Salut, … Tu as un frère?
(2) Il a [gâteau] ?
(3) Tu as aussi une sœur?
(4) Elle a [gâteau] ?
(5) Et toi, tu as [gâteau] ?

B — Dialogue 2
(1) Oui, j'ai …
(2) Il a [gâteau] .
(3) Oui, j'ai aussi .
(4) Elle a [gâteau] .
(5) J'ai [gâteau] .

7 Partnerbogen – Les nombres → SB S. 27, Nr. 8

1. Partner **A** deckt den B-Teil und Partner **B** den A-Teil ab.
2. **A** nennt ein leeres Feld im A-Teil. **B** nennt die Zahl, die sich in dem Feld im B-Teil befindet.
   A trägt die Ziffer in das leere Feld im A-Teil ein.
3. Danach nennt **B** ein leeres Feld im B-Teil. **A** nennt die Zahl in seinem Feld.
   B trägt die entsprechende Ziffer in das leere Feld im B-Teil ein usw.

A

	1	2	3
a	32		30
b		21	
c	19		17
d		15	

B

	1	2	3
a		13	
b	16		14
c		18	
d	20		22

Name: Klasse: Datum: **2**

8 Domi-mots – Les chaussettes de Maxime → SB S. 29, Nr. 6

1. *Schneidet die Kärtchen aus und mischt sie.*
2. *Verteilt die Karten gleichmäßig. Der Spieler mit der **Début-Karte** legt seine Karte auf den Tisch.*
3. *Wer das passende Wort zur Abbildung hat, legt die Karte an und liest das Wort mit dem Artikel laut vor. Danach wird das passende Wort an das nächste Bild gelegt.*
4. *Das Spiel ist beendet, wenn die **Fin-Karte** gelegt wurde.*

Début	la	casquette	les
bonbons	le	chien	l'
effaceur	le	cahier	la
trousse	les	livres	le
sac	le	portable	les
magazines	la	règle	les
crayons	le	collège	l'
euro	les	chaussettes	Fin

Klettbuch 623511 Tous ensemble 1, Materialien für die Freiarbeit. © Ernst Klett Verlag Stuttgart 2015 | www.klett.de |
Von dieser Druckvorlage ist die Vervielfältigung für den eigenen Unterrichtsgebrauch gestattet. Die Kopiergebühren sind abgegolten. Alle Rechte vorbehalten.

9 Puzzle – Elle s'appelle comment? → SB S. 29, Nr. 7

1. *Schneide die Satzstreifen aus und bringe den Dialog in die richtige Reihenfolge.*
2. *Vergleiche mit einem Partner, ob ihr das richtige Lösungswort habt.*
3. *Spielt den Dialog.*

Satz	Buchstabe
Elle s'appelle Camille.	U
Non.	E
Oui.	T
Il a aussi un chat?	T
Et Maxime a un chien?	E
Elle a quel âge?	S
Oui. Et il a aussi une sœur.	H
Elle a huit ans.	S
Elle s'appelle comment?	A
Maxime a un frère?	C

Lösungswort: la c_____

Name: Klasse: Datum: **2**

10 Mediationskarten – Tu poses des questions → SB S. 29, Nr. 7

1. *Schneidet die Kärtchen aus und legt sie verdeckt auf den Tisch.*
2. *Partner **A** zieht eine Karte und liest die Aufgabe Partner **B** vor.*
3. ***B** überträgt die Angaben ins Französische und Partner **A** kontrolliert mithilfe der Lösung in Klammern.*
4. *Wird die Aufgabe richtig gelöst, darf der Spieler die Karte behalten und zieht die nächste Karte.*
5. *Gewonnen hat, wer am Schluss die meisten Karten besitzt.*

Wie begrüßt du Erwachsene? [Bonjour.]	**Wie fragst du, wie jemand heißt?** [Tu t'appelles comment?]	**Wie sagst du, wie du heißt.** [Je m'appelle …]	**Wie fragst du, wie alt jemand ist?** [Tu as quel âge?]
Wie sagst du, dass du … Jahre alt bist. [J'ai … ans.]	**Wie fragst du, ob jemand einen Bruder hat?** [Tu as un frère?]	**Wie sagst du, wie jemand heißt.** [Il s'appelle …]	**Wie fragst du, ob jemand auch eine Schwester hat?** [Tu as aussi une sœur?]
Wie sagst du, dass du aber einen Bruder hast. [Non, mais j'ai un frère.]	**Wie fragst du, ob jemand einen Hund hat?** [Tu as un chien?]	**Wie sagst du, dass du einen Hund hast.** [J'ai un chien.]	**Wie fragst du, ob jemand auch eine Katze hat?** [Tu as aussi un chat?]
Wie entschuldigst du dich? [Pardon!]	**Wie sagst du, dass du auch eine Katze hast.** [Oui, j'ai aussi un chat.]	**Wie verabschiedest du dich von Freunden?** [Salut / Au revoir.]	**Wie verabschiedest du dich von Erwachsenen?** [Au revoir.]

11 Partnerbogen – Elle a quel âge? → SB S. 29, Nr. 7

1. Schneidet den Bogen auseinander und setzt euch gegenüber.
2. **B** beginnt, erfragt die Informationen über Camille und Laurie und trägt diese in die grau unterlegten Kästchen ein. Nun erfragt **A** die Informationen über Sami und Nicolas.
3. Am Ende legt ihr die Bögen nebeneinander und kontrolliert, ob die von euch eingetragenen Informationen mit den vorgegebenen übereinstimmen.

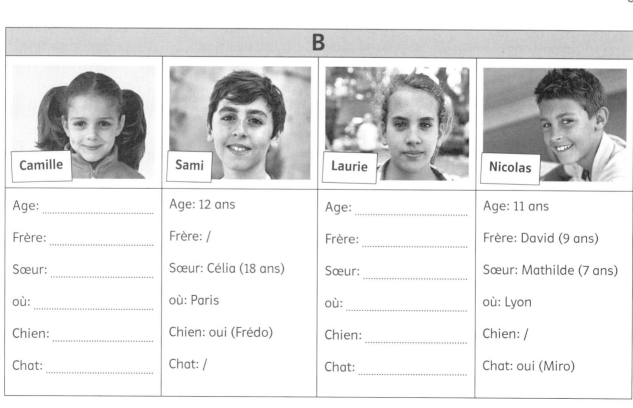

1 Tandembogen – On chatte → SB S. 34, Nr. 1

1. *Faltet den Bogen in der Mitte.*
2. *Führt einen Dialog anhand der Angaben bei Partner **A** und Partner **B**.*
3. *Kontrolliert euch gegenseitig anhand der Lösungen in Klammern.*
4. *Tauscht die Rollen und führt nun den zweiten Dialog.*

A	B
[Tu aimes les jeux vidéo?]	♥ 🖥️🎮 ?
Non. ♥ 🛹 🎵 💃 Et ?	[Non. J'aime le skate, la musique et la danse. Et toi?]
[J'aime le roller et le foot.]	♥ 🛼 ⚽
💔 🛼	[Moi, je déteste le roller.]

A	B
[Tu aimes la danse?]	♥ 💃 ?
Non. ♥ ⚽ 🖥️🎮 Et ?	[Non. J'aime le foot et les jeux vidéo. Et toi?]
[J'aime le hip-hop.]	♥ 🕺
💔 🕺	[Moi, je déteste le hip-hop.]

2 Jeu de mime – Tu aimes le roller? → SB S. 35, Nr. 4

1. *Schneidet die Karten auseinander und legt sie verdeckt auf den Tisch.*
2. ***A*** *nimmt eine Karte und stellt pantomimisch dar, was auf dem Zettel steht.* ***B*** *muss die Handlung erraten:* Tu aimes …?
3. *Danach ist* ***B*** *an der Reihe.*

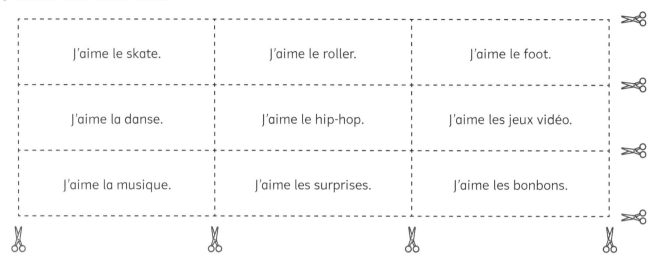

3 Frage-Antwort-Karten – Tu aimes le hip-hop? → SB S. 36, Nr. 6

1. *Schneidet die Karten auseinander und setzt euch gegenüber.*
2. *Führt einen Dialog.* ***A*** *beginnt,* ***B*** *antwortet und setzt das Gespräch fort.*
3. *Tauscht am Ende die Karten und wiederholt das Gespräch.*

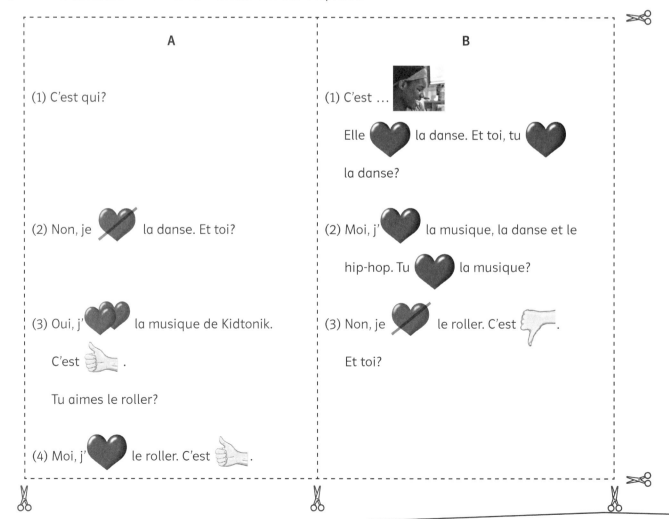

4 La bonne carte – Le sac et le foot → SB S. 37, Nr. 1

1. *Schneidet die Karten aus, mischt sie und legt sie verdeckt auf den Tisch.*
2. *Spielt zu zweit oder zu dritt. Nehmt abwechselnd zwei Karten.*
3. *Wenn du ein passendes Wort-Bild-Paar findest, kannst du es behalten und auf deinen Stapel legen.*
4. *Wer die meisten Paare findet, gewinnt.*

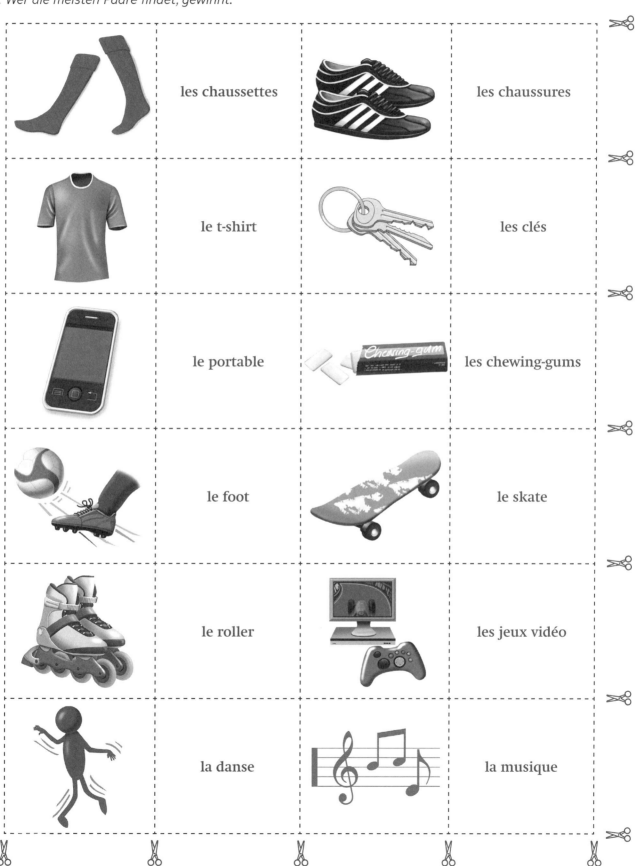

🧦	les chaussettes	👟	les chaussures
👕	le t-shirt	🔑	les clés
📱	le portable	🍬	les chewing-gums
⚽	le foot	🛹	le skate
🛼	le roller	🎮	les jeux vidéo
💃	la danse	🎵	la musique

5 Tandembogen – C'est la finale → SB S. 38/39

1. *Faltet den Bogen in der Mitte.*
2. *Partner **A** stellt die erste Frage. Partner **B** antwortet und stellt die nächste Frage usw.*
3. *Kontrolliert euch gegenseitig anhand der Lösungen in Klammern.*
4. *Tauscht die Rollen.*

A	B
C'est le sac de Maxime? [Non, c'est le sac d'Amir.] Amir cherche une chaussette? [Non, il cherche une chaussure.]	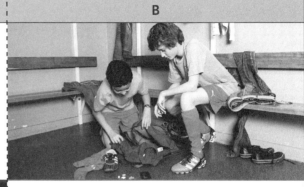
	C'est qui? [C'est Karim.] Amir reste avec Maxime? [Non, il reste avec Karim.]
C'est Karim? [Non, c'est Julie, Malika et Amir.] Les filles cherchent la chaussure d'Amir? [Non, elles regardent le match. / Elles chantent et elles dansent.]	
	C'est Amir? [Non, c'est Maxime.] Qu'est-ce qu'il fait? [Il tombe.]
Amir a des chaussures pour Karim? [Non, Maxime a des chaussures pour Amir.] Amir joue maintenant? [Oui.]	

Name: Klasse: Datum: **3**

👥 6 Partnerbogen – Je chante → SB S. 40, Nr. 4

1. *Partner **A** deckt den B-Teil und Partner **B** den A-Teil ab.*
2. ***A** nennt ein auszufüllendes Feld im A-Teil. **B** liest den Satz vor, der sich in dem Feld im B-Teil befindet. **A** ergänzt das Verb im A-Teil.*
3. *Nun nennt **B** ein Feld im B-Teil. **A** liest den Satz in seinem Feld vor. **B** ergänzt das Verb im B-Teil usw.*
4. *Deckt die Teile auf und korrigiert eure Sätze.*

A

	1	2	3
a	Les filles aiment les champions.	Vous	Nous regardons le match.
b	Les garçons .... et	Amir cherche une chaussette.	Nous .... le roller.
c	Je regarde le match.	Julie .... avec Malika.	Tu tombes.
d	J'................. la musique.	Vous dansez.	Tu .... cool.

B

	1	2	3
a	Les filles .... les champions.	Vous jouez.	Nous .... le match.
b	Les garçons dansent et chantent.	Amir .... une chaussette.	Nous aimons le roller.
c	Je .... le match.	Julie chatte avec Malika.	Tu ....
d	J'adore la musique.	Vous	Tu restes cool.

7 Puzzle – Des crêpes → SB S. 42, Nr. 1

1. Schneide die Satzstreifen aus und bringe den Text in die richtige Reihenfolge.
2. Vergleiche mit einem Partner, ob ihr das richtige Lösungswort habt.

Les copains ont faim et soif.	o
Mme Moretti: Bravo. Alors, il y a des crêpes pour tout le monde.	o
Après le match, les amis arrivent chez madame Moretti.	c
Maxime: Mmm, ce sont des crêpes au chocolat.	l
Elle a une crêperie.	h
Amir: Mme Moretti, nous avons la coupe!	c
Mme Moretti: Spaghettis!	t
Mme Moretti: Oui, et maintenant, une photo.	a

Lösungswort: le c..

8 Puzzle – Des phrases → SB S. 43, Nr. 3

1. Schneidet die Karten aus, mischt sie und legt sie lesbar auf den Tisch.
2. Bildet richtige Sätze. Beginnt immer mit der grau unterlegten Karte.

a	**Malika**	soif.
faim.	ont	**Les filles**
J'	un match.	ai
avons	**Nous**	une idée.
Tu	une photo.	as
la coupe.	avez	**Vous**

Name: Klasse: Datum: **3**

9 Mediationskarten – Nous avons un match → SB S. 43, Nr. 4

1. *Schneidet die Kärtchen aus und legt sie verdeckt auf den Tisch.*
2. *Partner **A** zieht eine Karte und liest die Aufgabe Partner **B** vor.*
3. ***B** überträgt die Angaben ins Französische und Partner **A** kontrolliert mithilfe der Lösung in Klammern.*
4. *Wird die Aufgabe richtig gelöst, darf der Spieler die Karte behalten und zieht die nächste Karte.*
5. *Gewonnen hat, wer am Schluss die meisten Karten besitzt.*

Wie fragst du, was jemand (er) macht? [Qu'est-ce qu'il fait?]	**Wie fragst du, was jemand (sie) macht?** [Qu'est-ce qu'elle fait?]	**Wie fragst du jemanden, ob er etwas sucht?** [Tu cherches quelque chose?]	**Wie fragst du jemanden, was los ist?** [Qu'est-ce qu'il y a?]
Wie sagst du, dass es dir leid tut? [Désolé!]	**Wie wünscht du viel Glück?** [Bonne chance.]	**Wie sagst du, dass du Hunger hast?** [J'ai faim.]	**Wie rufst du deine Freunde zu Tisch?** [A table!]
Wie warnst du jemanden? [Attention!]	**Wie kannst du dein Einverständnis geben?** [D'accord.]	**Wie sagst du, dass Montag ist?** [C'est lundi.]	**Wie fragst du, ob ihr dahin geht?** [On y va?]
Wie sagst du, dass sie das liebt? [Elle adore ça.]	**Was sagst du, wenn etwas eine gute Idee ist?** [Bonne idée!]	**Wie fragst du jemanden, ob er Fußball mag?** [Tu aimes le foot?]	**Wie sagst du, dass etwas blöd ist?** [C'est nul.]

10 Partnerbogen – Qu'est-ce qu'il fait mardi? → SB S. 43, Nr. 4

1. *Partner **A** deckt den B-Teil und Partner **B** den A-Teil ab.*
2. ***A** nennt einen Wochentag, **B** nennt die abgebildete Aktivität (mit Artikel) und **A** schreibt sie in das passende Feld.*
3. *Danach nennt **B** einen Wochentag usw.*
4. *Vergleicht eure Lösungen.*

A

lundi	mardi	mercredi	jeudi

vendredi	samedi	dimanche

lundi	mardi	mercredi	jeudi

vendredi	samedi	dimanche

B

lundi	mardi	mercredi	jeudi

vendredi	samedi	dimanche

lundi	mardi	mercredi	jeudi

vendredi	samedi	dimanche

Name: Klasse: Datum:

3

⚭⚭ 11 Domi-mots – La coupe et les crêpes → SB S. 43

1. *Schneidet die Kärtchen aus und mischt sie.*
2. *Verteilt die Karten gleichmäßig. Der Spieler mit der **Début-Karte** legt seine Karte auf den Tisch.*
3. *Wer das passende Wort zur Abbildung hat, legt die Karte an und liest das Wort laut vor. Danach wird das passende Wort an das nächste Bild gelegt.*
4. *Das Spiel ist beendet, wenn die **Fin-Karte** gelegt wurde.*

Début		la coupe	
les crêpes		adorer	
le chocolat		la pizza	
danser		tomber	
le hip-hop		les jeux vidéo	
la musique		le t-shirt	
les chewing-gums		le portable	Fin

Klettbuch 623511 Tous ensemble 1, Materialien für die Freiarbeit. © Ernst Klett Verlag Stuttgart 2015 | www.klett.de |

12 Partnerbogen – Des correspondants → SB S. 44

1. *Faltet den Bogen in der Mitte.*
2. *Partner **A** stellt die ersten vier Fragen. Partner **B** antwortet und stellt die nächsten Fragen usw.*
3. *Kontrolliert euch gegenseitig anhand der Lösungen in Klammern.*
4. *Tauscht die Rollen.*

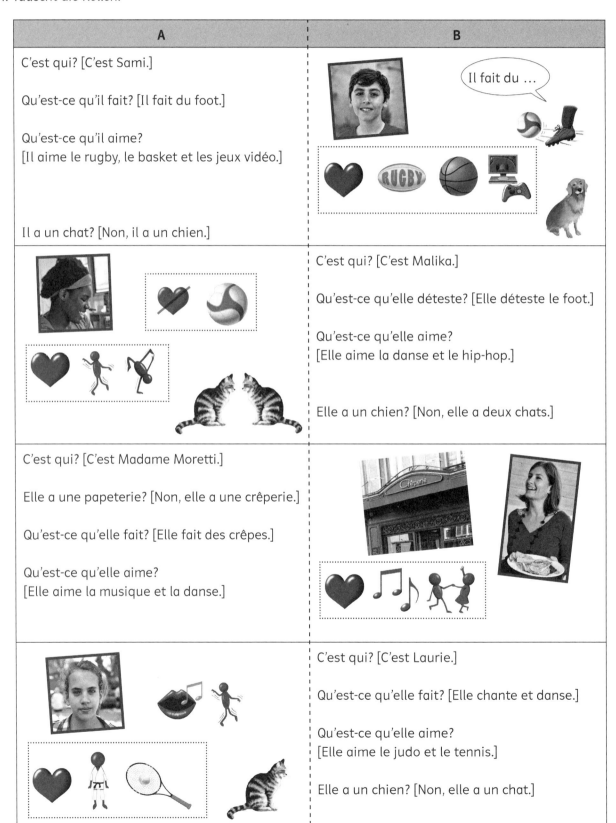

3

13 Jeu – Fragekarten → SB S. 44

*Für das Spiel braucht ihr einen Würfel, Spielfiguren und diese Spielkarten.
Schneidet die Fragekarten aus und legt sie verdeckt auf den Tisch.
Die Spielanleitung und den Spielplan findet ihr auf S. 28.*

1. Complétez: un, deux, …, dix	2. Complétez: J'aime, tu aimes, il/elle/on …, nous …, vous …, ils/elles …	3. Julie, qu'est-ce qu'elle aime?
4. Amir, qu'est-ce qu'il cherche?	5. Mme Moretti, qu'est-ce qu'elle a?	6. Complétez: Lundi, mardi, …
7. Complétez: j'ai, tu as, …, …, …, …	8. Complétez: je chante, tu …, il/elle/on …, nous …, vous …, ils/elles …	9. Malika, qu'est-ce qu'elle déteste?
10. Qu'est-ce qu'il y a dans le sac?	11. Les filles cherchent les chaussures?	12. Complétez: je déteste, nous …, vous …, ils/elles …
13. Malika chante?	14. Complétez: onze, …, …, …, …, seize	15. C'est qui?

Lösungskarte für den Spielführer:

1. trois, quatre, cinq, six, sept, huit, neuf	2. aime, aimons, aimez, aiment	3. Elle aime le roller et le foot.	4. Il cherche une chaussure.	5. Elle a une crêperie.
6. mercredi, jeudi, vendredi, samedi, dimanche	7. il/elle/on a, nous avons, vous avez, ils/elles ont	8. chantes, chante, chantons, chantez, chantent	9. Elle déteste les jeux vidéo et le skate.	10. deux t-shirts, deux chaussures, deux chaussettes, des chewing-gums
11. Non, elles regardent le match.	12. détestons, détestez, détestent	13. Non, elle danse.	14. douze, treize, quatorze, quinze	15. C'est Julie.

14 Jeu – Spielplan

1. Spielt zu dritt oder viert und bestimmt einen Spielleiter.
2. Legt die ausgeschnittenen Fragekarten auf einen Stapel.
3. Alle Spieler setzen ihren Spielstein auf „Départ".
4. Der Spielleiter stellt **A** eine Frage. Wird sie richtig beantwortet, darf **A** würfeln und entsprechend der Augenzahl ziehen. Dann kommt **B** an die Reihe usw.
5. Wer zuerst in Paris ankommt, gewinnt.

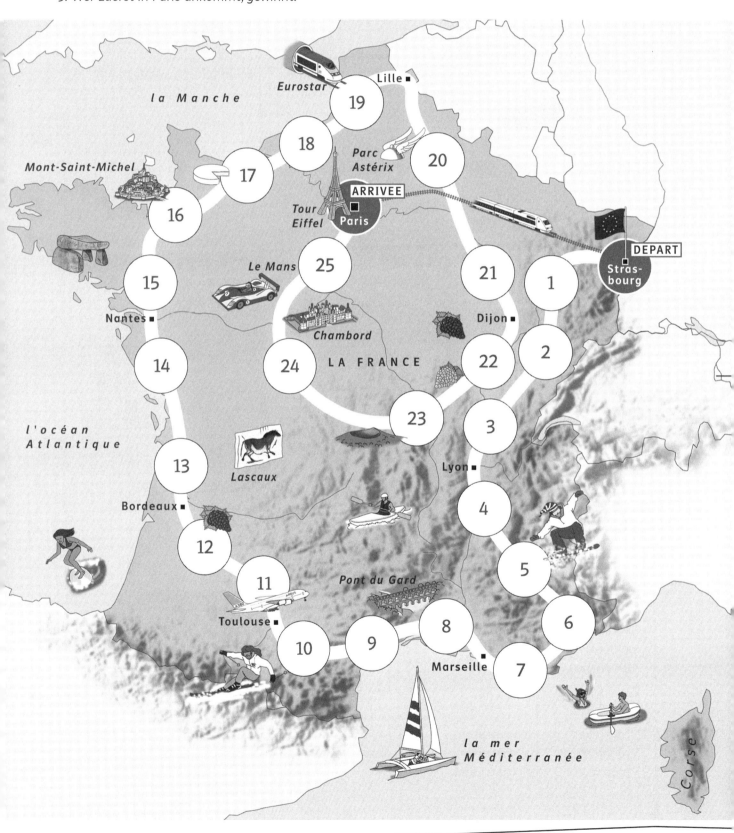

1 Frage-Antwort-Karten – Ton anniversaire, c'est quand? → SB S. 53

1. *Schneidet die Karten auseinander und setzt euch gegenüber.*
2. *Führt einen Dialog. **A** beginnt, **B** antwortet und setzt das Gespräch fort.*
3. *Tauscht am Ende die Karten und wiederholt das Gespräch.*

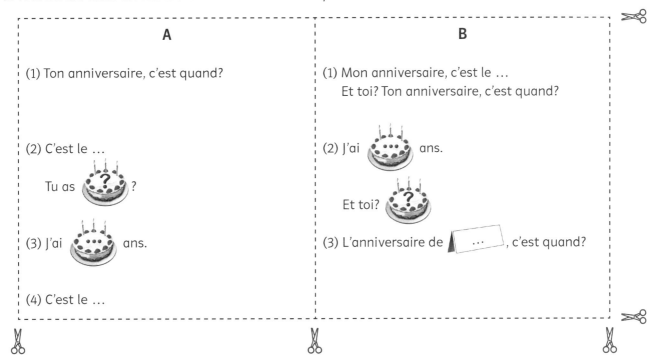

2 Frage-Antwort-Karten – Tu cherches un cadeau? → SB S. 54, Nr. 1

1. *Schneidet die Karten auseinander und setzt euch gegenüber.*
2. *Führt einen Dialog. **A** beginnt, **B** antwortet und setzt das Gespräch fort.*
3. *Tauscht am Ende die Karten und wiederholt das Gespräch.*

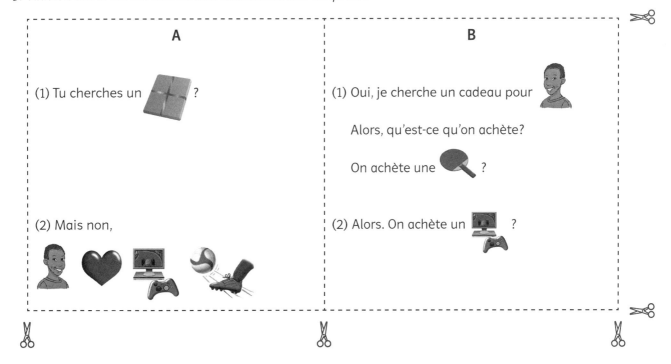

3 Tandembogen – Un cadeau pour Maxime → SB S. 54, Nr. 1

1. *Faltet den Bogen in der Mitte.*
2. *Führt einen Dialog anhand der Angaben von Partner **A** und **B**.*
3. *Kontrolliert euch gegenseitig anhand der Lösungen in Klammern.*
4. *Tauscht die Rollen.*

A	B
[Camille et Antoine sont à la Fnac. Ils cherchent un cadeau pour Maxime.]	Camille et Antoine sont 🔲. Ils 🔍 🎁 pour Maxime.
Maxime ❤ 🎵 et 🎮. Alors, on 🪙 💿?	[Maxime aime la musique et les jeux vidéo. Alors, on achète un CD?]
[Un CD? Bof! On achète un jeu vidéo?]	💿? Bof! On 🪙 🎮.
👍. Où sont 🎮?	[Super idée. Où sont les jeux vidéo?]
[Oh, c'est cher, les jeux vidéo.]	Oh, c'est cher, 🎮.
Alors, on 🪙 📀. Tu es d'accord?	[Alors, on achète un DVD. Tu es d'accord?]
[Regarde, deux DVD pour 25 euros.]	Regarde, 📀 📀 pour 💶.
C'est cher. Voilà 📀 pour 🪙.	[C'est cher. Voilà un DVD pour 8 euros.]
[D'accord. On achète le DVD.]	D'accord. On 🪙 📀.

4 Mediationskarten – Elles sont où? → SB S. 55, Nr. 3 / SB S. 56, Nr. 5

1. Schneidet die Kärtchen aus und legt sie verdeckt auf den Tisch.
2. Partner **A** zieht eine Karte und liest die Aufgabe Partner **B** vor.
3. **B** überträgt die Angaben ins Französische und Partner **A** kontrolliert mithilfe der Lösung in Klammern.
4. Wird die Aufgabe richtig gelöst, darf der Spieler die Karte behalten und zieht die nächste Karte.
5. Gewonnen hat, wer am Schluss die meisten Karten besitzt.

Wie kannst du fragen, wo deine Freunde sind? [Vous êtes où?]	Wie sagst du, dass du in Paris bist? [Je suis à Paris.]	Wie fragst du, ob jemand einverstanden ist? [Tu es d'accord?]	Wie sagst du, dass jemand (sie) cool ist? [Elle est cool.]
Wie sagst du, dass ihr im Bus seid? [Nous sommes dans le bus.]	Wie sagst du, dass Julie am 13. Mai Geburtstag hat? [Le 13 mai, c'est l'anniversaire de Julie.]	Wie sagst du, dass du morgen Geburtstag hast? [Demain, c'est mon anniversaire.]	Wie drückst du aus, dass ihr ein Geschenk für Malika sucht? [On cherche un cadeau pour Malika.]
Wie fragst du deine Freunde, ob sie eine Idee haben? [Vous avez une idée?]	Wie fragst du einen Freund, was er kauft? [Qu'est-ce que tu achètes?]	Wie sagst du, dass du einen Tischtennisschläger kaufst? [J'achète une raquette de ping-pong.]	Was sagst du, wenn etwas eine tolle Überraschung ist? [C'est une super surprise.]
Wie sagst du: „Na ja./Ach."? [Bof.]	Wie sagst du: „Ach nein. Das ist blöd."? [Oh non. C'est nul.]	Was sagst du, wenn etwas teuer ist? [C'est cher.]	Wie fragst du nach dem Geburtstag eines Freundes? [Ton anniversaire, c'est quand?]
Wie fragst du, ob Camille bei deinem Freund ist? [Camille est avec toi?]	Wie sagst du: „Ich auch."? [Moi aussi.]	Wie sagst du, dass er eine DVD von Titeuf kauft? [Il achète un DVD de Titeuf.]	Was sagst du, wenn du etwas nicht weißt? [Je ne sais pas.]

4

5 Domi-mots – La famille Legrand et les cadeaux de Maxime → SB S. 57, Nr. 1

1. Schneidet die Kärtchen aus und mischt sie.
2. Verteilt die Karten gleichmäßig. Der Spieler mit der **Début-Karte** legt seine Karte auf den Tisch.
3. Wer das passende Wort zur Abbildung hat, legt die Karte an und liest das Wort mit dem Artikel laut vor. Danach wird das passende Wort an das nächste Bild gelegt.
4. Das Spiel ist beendet, wenn die Karte mit dem Feld „de Maxime" gelegt wurde.

Début	[Fußballschuhe]	les chaussures de foot	[Fußball]
le ballon	[T-Shirt]	le t-shirt	[Le RAP CD]
le CD	[Computer mit Konsole]	le jeu vidéo	[Tischtennisschläger]
la raquette de ping-pong	[DVD]	le DVD de Titeuf	[junge Frau]
la mère	[Mann mit Brille]	le père	[Mädchen]
la sœur	[Frau mit dunklem Haar]	la grand-mère	[Junge]
le frère	[älterer Mann]	le grand-père	de Maxime

Name: Klasse: Datum: **4**

6 Tandembogen – La fête de Maxime → SB S. 58/59

1. *Faltet den Bogen in der Mitte.*
2. *Partner **A** stellt die erste Frage. Partner **B** antwortet und stellt die nächste Frage usw.*
3. *Kontrolliert euch gegenseitig anhand der Lösungen in Klammern.*
4. *Tauscht die Rollen.*

A	B
Où sont Monsieur Legrand et Camille? [Ils sont dans la cuisine.] Qu'est-ce qu'on prépare chez les Legrand? [On prépare une fête.]	
	Monsieur Legrand apporte le coca? [Non, il apporte les cacahuètes et les chips.] Antoine apporte les chips? [Non, il apporte le coca et le jus d'orange.]
Madame Legrand prépare des crêpes? [Non, elle prépare la chambre de Camille pour les grands-parents.] Où sont les chaussures de Madame Legrand? [Elles sont sur l'étagère.]	
	Les parents de Maxime arrivent? [Non, les grands-parents de Maxime arrivent.] Qu'est-ce que c'est? [C'est un cadeau / C'est un paquet.]
Où est la famille? [(Elle est) dans le salon.] Qu'est-ce qu'ils chantent? [(Ils chantent) Joyeux anniversaire.]	

4

Name: **Klasse:** **Datum:**

7 Jeu de mime – Tu ranges la chambre? → SB S. 60, Nr. 3

1. Schneidet die Karten auseinander und legt sie verdeckt auf den Tisch.
2. **A** nimmt eine Karte und macht pantomimisch vor, was auf dem Zettel steht.
   B muss die Handlung erraten: Tu …?
3. Danach ist **B** an der Reihe.

Je range la chambre.	Je prépare un gâteau.	J'apporte le coca.
J'arrive avec un cadeau.	Je cherche le ballon.	J'achète une raquette de ping-pong.
J'aime les jeux vidéo.	Je regarde un film.	J'apporte un gâteau.

8 Puzzle – Des phrases → SB S. 60, Nr. 5

1. Schneidet die Karten aus, mischt sie und legt sie lesbar auf den Tisch.
2. Bildet richtige Sätze. Beginnt immer mit der grau unterlegten Karte.

ta	**Elle est classe,**	casquette.
portable.	ton	**Il est cool,**
Elles sont super,	chaussures.	tes
tes	**Ils sont super,**	jeux vidéo.
raquette de ping-pong.	ta	**Elle est cool,**
Il est classe,	babyfoot.	ton

9 Partnerbogen – L'alphabet → SB S. 61, Nr. 7

1. *Partner **A** deckt den B-Teil und Partner **B** den A-Teil ab.*
2. ***A** nennt ein leeres Feld im A-Teil. **B** buchstabiert die Wörter, die sich in dem Feld im B-Teil befinden.*
   ***A** trägt die entsprechenden Buchstaben in das leere Feld im A-Teil ein.*
3. *Danach nennt **B** ein leeres Feld im B-Teil. **A** buchstabiert die Namen in seinem Feld.*
   ***B** trägt die entsprechenden Buchstaben in das leere Feld im B-Teil ein usw.*

A

	1	2	3
a	AMIR		FADELA
b		MANON	
c	LOUISE		SOPHIE
d		ZAZIE	

B

	1	2	3
a		RAQUETTE	
b	CADEAU		FAMILLE
c		PARENTS	
d	FILM		ANNIVERSAIRE

4

10 La bonne carte – Dans ma chambre → SB S. 63, Nr. 3

1. *Schneidet die Karten aus, mischt sie und legt sie verdeckt auf den Tisch.*
2. *Spielt zu zweit oder zu dritt. Nehmt abwechselnd zwei Karten.*
3. *Wenn du ein passendes Wort-Bild-Paar findest, kannst du es behalten und auf deinen Stapel legen.*
4. *Wer die meisten Paare findet, gewinnt.*

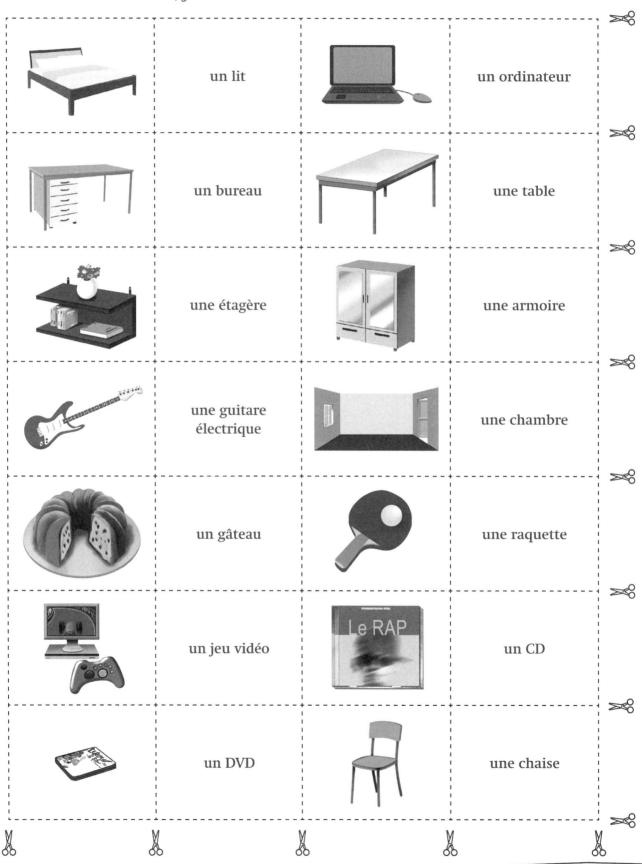

11 Tandembogen – Le chien est dans l'armoire? → SB S. 63, Nr. 2

1. *Faltet den Bogen in der Mitte.*
2. *Partner **A** stellt die ersten Fragen. Partner **B** antwortet und stellt die nächsten Fragen usw.*
3. *Kontrolliert euch gegenseitig anhand der Lösungen in Klammern.*
4. *Tauscht die Rollen.*

A	B
Le chien est dans l'armoire? [Non, il est sur la table.] Le ballon est sur la table? [Non, il est sur l'étagère.] Où est l'ordinateur? [Il est sous la table.] Où sont les livres? [Ils sont sur l'étagère.]	
	La casquette est dans l'armoire? [Non, elle est sous le lit.] Les raquettes sont sur la chaise? [Non, elles sont dans l'armoire.] Où est la chaise? [Elle est sur le lit.] Où sont les chaussettes? [Elles sont sur la chaise.]
L'ordinateur est dans l'armoire? [Non, il est sur le bureau.] Où est la chaise? [Elle est devant le bureau.] Où sont les livres? [Ils sont sur le bureau.]	
	Le chien est sur la chaise? [Non, il est sous le lit.] Où est la guitare électrique? [Elle est sur le lit.] Où sont les clès? [Elles sont sur la table.]

12 Frage-Antwort-Karten – Où est mon portable? → SB S. 63, Nr. 4

1. *Schneidet die Karten auseinander und setzt euch gegenüber.*
2. *Führt einen Dialog. **A** beginnt, **B** antwortet und setzt das Gespräch fort.*
3. *Tauscht am Ende die Karten und wiederholt das Gespräch.*

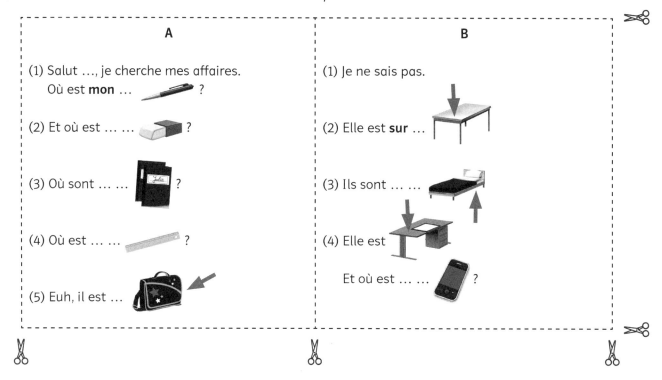

13 Frage-Antwort-Karten – Où sont ses affaires? → SB S. 63, Nr. 4

1. *Schneidet die Karten auseinander und setzt euch gegenüber.*
2. *Führt einen Dialog. **A** beginnt, **B** antwortet und setzt das Gespräch fort.*
3. *Tauscht am Ende die Karten und wiederholt das Gespräch.*

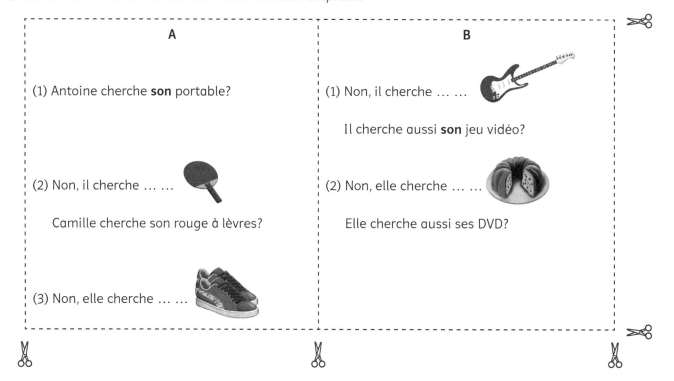

4

👥14 Jeu – Fragekarten → SB S. 64

Für das Spiel braucht ihr einen Würfel, Spielfiguren und diese Spielkarten. Schneidet die Fragekarten aus und legt sie verdeckt auf den Tisch. Die Spielanleitung und den Spielplan findet ihr auf S. 28.

1. Ton anniversaire, c'est quand?	2. Qu'est-ce que c'est?	3. Qu'est-ce que Camille et Antoine cherchent à la Fnac?
4. C'est qui?	5. Les formes du verbe «être»?	6. Complétez: Je suis, tu …, il / elle / on …
7. En français: *mein Bruder, meine Schwester*	8. En français: *meine Mutter, mein Vater, meine Großeltern*	9. Qu'est-ce que c'est?
10. Qu'est-ce que c'est? 	11. Complétez l'alphabet: A B …	12. En français: *Morgen ist sein Geburtstag.*
13. Où sont le ballon et les livres?	14. En français: *Sie sucht ihren Lippenstift und ihre Schuhe.*	15. Où est la raquette de ping-pong?

Lösungskarte für den Spielführer:

1. Mon anniversaire, c'est le …	2. C'est un gâteau.	3. Ils cherchent un cadeau pour Maxime.	4. C'est Mme Legrand.	5. je suis, tu es, il / elle / on est, nous sommes, vous êtes, ils / elles sont
6. tu es, il / elle / on est	7. mon frère, ma sœur	8. ma mère, mon père, mes grands-parents	9. une armoire	10. une guitare électrique
11. C D E F G H I J K L M N O P Q R S T U V W X Y Z	12. Demain, c'est son anniversaire.	13. Ils sont sur l'étagère.	14. Elle cherche son rouge à lèvres et ses chaussures.	15. Elle est dans le sac.

5

1 La bonne carte – Une journée à Paris! → SB S. 68/69

1. *Schneidet die Karten aus, mischt sie und legt sie verdeckt auf den Tisch.*
2. *Spielt zu zweit oder zu dritt. Nehmt abwechselnd zwei Karten.*
3. *Wenn du ein passendes Wort-Bild-Paar findest, kannst du es behalten und auf deinen Stapel legen.*
4. *Wer die meisten Paare findet, gewinnt.*

	l'Arc de triomphe		la tour Eiffel
	le Sacré-Cœur		une cathédrale
	le Louvre		Notre-Dame
	une église		la tour Montparnasse
	un musée		un arrondissement
	les Champs-Elysées		un monument

2 Dialogkarten – Tu vas où? → SB S. 70, Nr. 1 / SB S. 73, Nr. 4

1. *Schneidet die Karten aus und legt sie auf einen Stapel.*
2. *Partner **A** zieht eine Karte und stellt eine Frage, z. B.: **Le bus, il va où?**, **B** antwortet: **Il va à la … / au …***
3. *Danach beginnt Partner **B** usw. Verwendet unterschiedliche Personalpronomen.*

 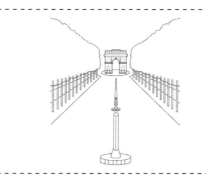

3 Tandembogen – Des vendeurs de souvenirs → SB S. 72

1. *Faltet den Bogen in der Mitte.*
2. *Partner **A** überträgt den ersten Satz ins Französische. Partner **B** antwortet, indem er den nächsten Satz ins Französische überträgt usw.*
3. *Kontrolliert euch gegenseitig anhand der Lösungen in Klammern.*
4. *Tauscht die Rollen.*

A (Verkäufer)	B (Käufer)
Du forderst deinen Partner / deine Partnerin auf, sich die Schlüsselanhänger und Armbänder anzusehen.	[Regarde les porte-clés et les bracelets.]
[Les bracelets sont super!]	Du sagst, dass du die Armbänder toll findest.
Du bietest deinem Partner / deiner Partnerin ein Armband für 5 Euro an.	[Un bracelet? Cinq euros le bracelet.]
[C'est trop cher.]	Du erwiderst, dass es zu teuer ist.
Du sagst, dass sie super sind. Du schlägst also zwei Armbänder für 7 Euro vor. Das ist nicht teuer. Das macht 3,50 Euro für ein Armband.	[Mais ils sont super. Alors, deux bracelets pour sept euros. Ce n'est pas cher. Ça fait 3,50 euros pour un bracelet.]
[6 euros pour les deux?]	Du schlägst einen neuen Preis vor: 6 Euros für die zwei?
Du verneinst und bietest 7 Euro.	[Ah, non, 7 euros.]
[D'accord.]	Du bist einverstanden.

4 Verbtraining – Je cherche → SB S. 73, Nr. 5

1. *Beschriftet den Würfel mit den Personalpronomen (je, tu, il, …), schneidet ihn aus und klebt ihn zusammen.*
2. *Schneidet die Verbkarten an den gestrichelten Linien auseinander und legt sie verdeckt auf den Tisch.*
3. *Partner **A** zieht die oberste Karte und nennt das Verb. Partner **B** würfelt und nennt die Verbform, die zu dem Personalpronomen passt.*
4. ***A** kontrolliert mit Hilfe der Verbkarte. **B** zieht nun eine Karte und nennt das Verb usw.*

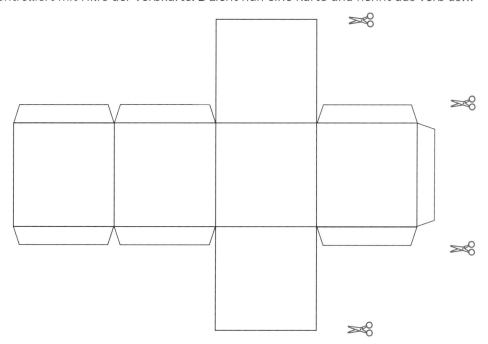

aller	**regarder**	**jongler**	**tomber**
je vais	je regarde	je jongle	je tombe
tu vas	tu regardes	tu jongles	tu tombes
il / elle / on va	il / elle / on regarde	il / elle / on jongle	il / elle / on tombe
nous allons	nous regardons	nous jonglons	nous tombons
vous allez	vous regardez	vous jonglez	vous tombez
ils / elles vont	ils / elles regardent	ils / elles jonglent	ils / elles tombent
danser	**chercher**	**visiter**	**arriver**
je danse	je cherche	je visite	j'arrive
tu danses	tu cherches	tu visites	tu arrives
il / elle / on danse	il / elle / on cherche	il / elle / on visite	il / elle / on arrive
nous dansons	nous cherchons	nous visitons	nous arrivons
vous dansez	vous cherchez	vous visitez	vous arrivez
ils / elles dansent	ils / elles cherchent	ils / elles visitent	ils / elles arrivent
avoir	**préparer**	**être**	**aimer**
j'ai	je prépare	je suis	j'aime
tu as	tu prépares	tu es	tu aimes
il / elle / on a	il / elle / on prépare	il / elle / on est	il / elle / on aime
nous avons	nous préparons	nous sommes	nous aimons
vous avez	vous préparez	vous êtes	vous aimez
ils / elles ont	ils / elles préparent	ils / elles sont	ils / elles aiment

5 Frage-Antwort-Karten – Une sortie → SB S. 75

1. *Schneidet die Karten auseinander und setzt euch gegenüber.*
2. *Führt einen Dialog und übertragt die Vorgaben ins Französische.*
   A *beginnt,* **B** *antwortet und setzt das Gespräch fort.*
3. *Tauscht am Ende die Karten und wiederholt das Gespräch.*

A	B
(1) Du begrüßt deinen Freund / deine Freundin und fragst, was ihr heute macht.	(1) [Salut. Qu'est-ce qu'on fait aujourd'hui?] Du schlägst vor, zum Fußballspiel zu gehen.
(2) [On va au match de foot?] Du erwiderst, dass es doch regnet und fragst, ob dein Freund / deine Freundin eine Badehose / einen Badeanzug hat.	(2) [Mais il pleut. Tu as un maillot de bain?] Du bejahst die Frage.
(3) [Oui.] Du sagst, dass du eine Überraschung hast: zwei Eintrittskarten für das „Aquaboulevard".	(3) [J'ai une surprise: deux billets pour l'Aquaboulevard.] Du fragst, was das „Aquaboulevard" ist.
(4) [Qu'est-ce que c'est, l'Aquaboulevard?] Du erklärst, dass das „Aquaboulevard" ein Schwimmbad mit acht Rutschen ist.	(4) [L'Aquaboulevard, c'est une piscine avec huit toboggans.] Du findest, dass es eine gute Idee ist und fragst nach der Uhrzeit.
(5) [Bonne idée. A quelle heure?] Du schlägst ein Treffen um 16 Uhr vor dem Schwimmbad vor. [Cool. A plus.]	(5) [Rendez-vous à seize heures devant la piscine.] Du findest es cool und sagst bis später.

6 Domi-mots – Quelle heure est-il? → SB S. 77, Nr. 3

1. *Schneidet die Kärtchen aus und mischt sie.*
2. *Verteilt die Karten gleichmäßig. Der Spieler mit der Karte „Quelle heure est-il?" beginnt.*
3. *Wer den passenden Satz zur Uhrzeit hat, legt die Karte an und liest die nächste Uhrzeit laut vor. Danach wird der passende Satz an die nächste Uhrzeit gelegt.*
4. *Das Spiel ist beendet, wenn die Fin-Karte gelegt wurde.*

Quelle heure est-il?	🕗	Il est huit heures.	🕑
Il est cinq heures moins le quart.	🕔	Il est deux heures vingt.	🕑
Il est 10 heures et demie.	🕥	Il est cinq heures et quart.	🕔
Il est dix heures moins vingt-cinq.	🕤	Il est sept heures et quart.	🕖
Il est six heures moins cinq.	🕕	Il est six heures moins dix.	🕕
Il est trois heures cinq.	🕒	Il est sept heures moins vingt.	🕖
Il est six heures et demie.	🕕	Il est midi.	**Fin**

7 Tandembogen – Il va où? A quelle heure? → SB S. 77, Nr. 4

1. *Faltet den Bogen in der Mitte.*
2. *Partner A stellt die erste Frage. Partner B nennt die Uhrzeit, antwortet und stellt die nächste Frage usw.*
3. *Kontrolliert euch gegenseitig anhand der Lösungen in Klammern.*
4. *Tauscht die Rollen.*

A	B
Amir, il va où? A quelle heure? [A huit heures, il va au collège.]	
	Lisa, elle va où? A quelle heure? [A quatre heures moins le quart, elle va aux Champs-Elysées.]
Mme Moretti, elle va où? A quelle heure? [A sept heures dix, elle va où cinéma.]	
	Les copains, ils vont où? A quelle heure? [A sept heures moins dix, ils vont à la crêperie.]
Toi, tu vas où où? A quelle heure? [A …, je vais …]	
	Et toi, tu vas où? A quelle heure? [A …, je vais …]

Name: _____ Klasse: _____ Datum: _____

8 Mediationskarten – Qu'est-ce qu'on fait aujourd'hui? → SB S. 78, Nr. 6

1. *Schneidet die Kärtchen aus und legt sie verdeckt auf den Tisch.*
2. *Partner **A** zieht eine Karte und liest die Aufgabe Partner **B** vor.*
3. ***B** überträgt die Angaben ins Französische und Partner **A** kontrolliert mithilfe der Lösung in Klammern.*
4. *Wird die Aufgabe richtig gelöst, darf der Spieler die Karte behalten und zieht die nächste Karte.*
5. *Gewonnen hat, wer am Schluss die meisten Karten besitzt.*

Wie fragst du, was ihr macht?	Wie fragst du, was ihr heute macht?	Wie sagst du, dass du es nicht weißt?	Wie fragst du deinen Freund, ob er eine Idee hat?
[Qu'est-ce qu'on fait?]	[Qu'est-ce qu'on fait aujourd'hui?]	[Je ne sais pas.]	[Tu as une idée?]
Wie fragst du deine Freunde, ob ihr ins Kino geht?	Wie sagst du, dass etwas eine gute Idee ist?	Wie sagst du, dass ihr in den Skatepark geht?	Wie sagst du: „Oh, nein, das ist blöd."
[On va au cinéma?]	[Bonne idée!]	[On va au skatepark.]	[Ah, non, c'est nul.]
Wie fragst du, ob ihr ins Schwimmbad geht?	Wie fragst du, ob ihr dahin geht?	Wie fragst du, wann ihr dahin geht?	Wie sagst du, um drei Uhr?
[On va à la piscine?]	[On y va?]	[On y va à quelle heure?]	[A trois heures.]
Wie sagst du, dass ihr euch bei dir trefft?	Wie sagst du, dass ihr euch bei Yan trefft?	Wie sagst du, dass ihr euch im Schwimmbad trefft?	Wie sagst du, dass ihr euch vor dem Kino trefft?
[Rendez-vous chez moi.]	[Rendez-vous chez Yan.]	[Rendez-vous à la piscine.]	[Rendez-vous devant le cinéma.]

9 Puzzle – A la boulangerie? → SB S. 82, Nr. 4

1. *Schneide die Satzstreifen aus und bringe den Text in die richtige Reihenfolge.*
2. *Vergleiche mit einem Partner, ob ihr das richtige Lösungswort habt.*

C'est tout. Merci. Ça fait combien?	b
Voilà.	n
Alors, ça fait 4,80 euros.	o
Vous désirez?	j
Et avec ça?	m
Je voudrais un sandwich au fromage. Et je voudrais aussi un jus d'orange, s'il vous plaît.	a

Lösungswort: ....

10 Dialogkarten – A la boulangerie → SB S. 82, Nr. 4

1. *Führt einen Dialog in einer Bäckerei. Falls nötig, nehmt den Finkaufsdialog von Nummer 9 zu Hilfe.*
2. *Schneidet die Karten aus und legt sie auf einen Stapel.*
3. *Partner **A** zieht zwei oder drei Karten und beginnt. **B** antwortet.*
4. *Danach beginnt Partner **B**.*
5. *Am Ende werden die Karten neu gemischt und ihr startet von vorn.*

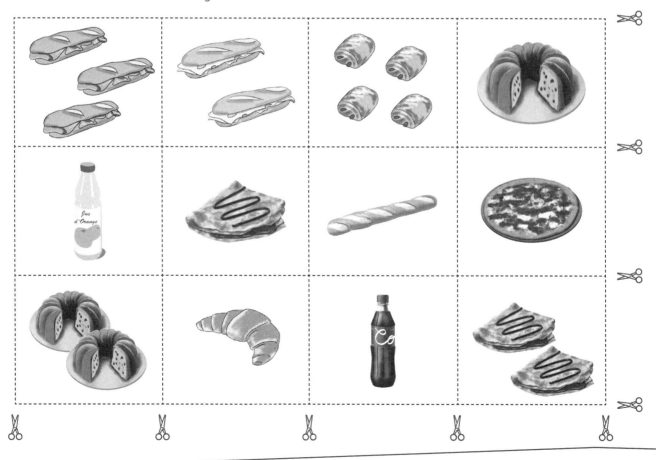

Name: Klasse: Datum:

11 Partnerbogen – Les nombres → SB S. 82, Nr. 5

1. *Partner **A** deckt den B-Teil und Partner **B** den A-Teil ab.*
2. ***A** nennt ein leeres Feld im A-Teil. **B** nennt die Telefonnummer, die sich in dem Feld im B-Teil befindet. **A** schreibt die Telefonnummer in das leere Feld im A-Teil.*
3. *Danach nennt **B** ein leeres Feld im B-Teil. **A** nennt die entsprechende Telefonnummer in seinem Feld. **B** schreibt die Telefonnummer in das leere Feld im B-Teil usw.*
4. *Deckt die Teile auf und korrigiert eure Telefonnummern.*

A

	1	2	3
a	01.29.50.89		04.55.10.28
b		03.20.97.17	
c	06.45.54.30		02.81.30.15.

B

	1	2	3
a		03.13.30.77	
b	06.15.51.80		02.39.10.67
c		05.22.16.90	

12 Puzzle – Des phrases → SB S. 83, Nr. 6, 7, 8

1. *Schneidet die Karten aus, mischt sie und legt sie lesbar auf den Tisch.*
2. *Bildet gemeinsam sechs richtige Sätze. Beginnt immer mit der grau unterlegten Karte des jeweiligen Satzes. Die Zahlen vor den Wörtern geben dir die Satznummer an.*

₁ne	₁L'après-midi,	₁pas	₁pleut	₁il
₂est	₂là	₂n'	₂pas	₂Mme Moretti
₃pas	₃ne	₃Les filles	₃à Montmartre	₃vont
₄son portable	₄pas	₄trouve	₄Julie	₄ne
₅Ce	₅est	₅vrai	₅n'	₅pas
₆dans sa poche	₆Le portable	₆pas	₆est	₆n'

13 Partnerbogen – Le programme → SB S. 84

1. *Schneidet den Bogen auseinander und setzt euch gegenüber.*
2. *A beginnt und stellt Partner B das Tagesprogramm in Paris vor. B trägt die Angaben in den grau unterlegten Feldern ein. Danach stellt B Partner A das Tagesprogramm von Köln vor.*
   Nun trägt A die entsprechenden Informationen bei sich ein. So könnt ihr anfangen: Voilà le programme pour jeudi à Paris …
3. *Am Ende legt ihr die Bögen nebeneinander und kontrolliert, ob die eingetragenen Informationen korrekt sind.*

A

Visite de Paris

jeudi
à 8 h: visite du collège
à 10 h: visite du Louvre
à 12 h: pique-nique au parc
l'après-midi: visite du Sacré-Cœur
à 19 h: fête au collège

Visite de ....
à 8 h 30: ....
à 10 h 30: ....
à midi: ....
à 14 h: ....
le soir: ....

--- ✂

B

Visite de ....

à 8 h: ....
à 10 h: ....
à 12 h: ....
l'après-midi: ....
à 19 h: ....

Visite de Cologne

lundi
à 8 h 30: rendez-vous au collège
à 10 h 30: visite du Kölner Dom
à midi: pique-nique au Rheinpark
à 14 h: match de rugby au parc
le soir: fête chez la prof de français

1 Dialogkarten – Il fait quel temps? → SB S. 93, Nr. 3

1. *Schneidet die Karten aus und legt sie auf einen Stapel.*
2. *Partner **A** zieht eine Karte und stellt die Frage **Il fait quel temps?** **B** antwortet **A Paris, il fait …** / **En Bretagne, il fait …***
3. *Danach beginnt Partner **B**.*

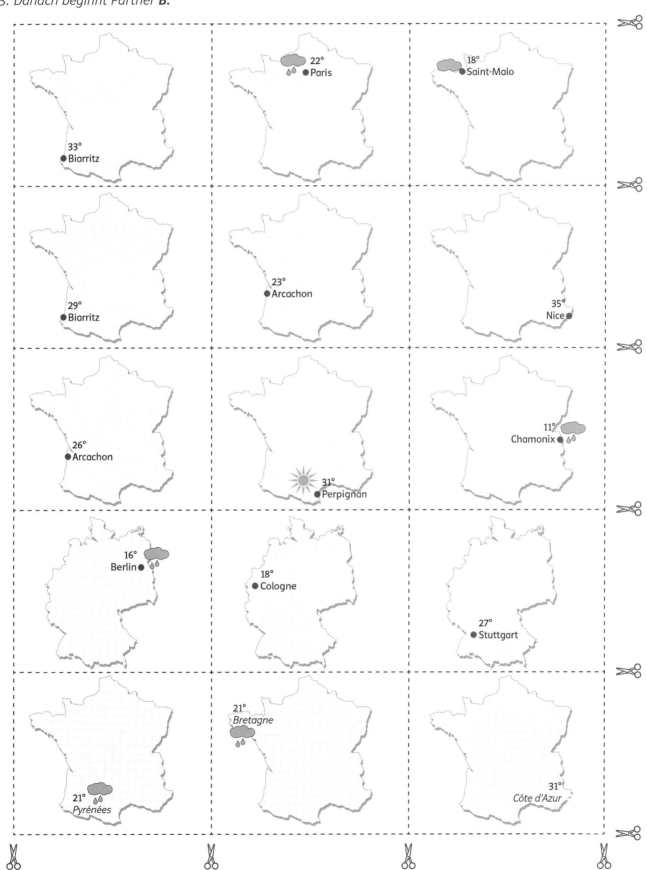

2 La bonne carte – Voilà les activités! → SB S. 94/95, Nr. 1

1. *Schneidet die Karten aus, mischt sie und legt sie verdeckt auf den Tisch.*
2. *Spielt zu zweit oder zu dritt. Nehmt abwechselnd zwei Karten.*
3. *Wenn du ein passendes Wort-Bild-Paar findest, kannst du es behalten und auf deinen Stapel legen.*
4. *Wer die meisten Paare findet, gewinnt.*

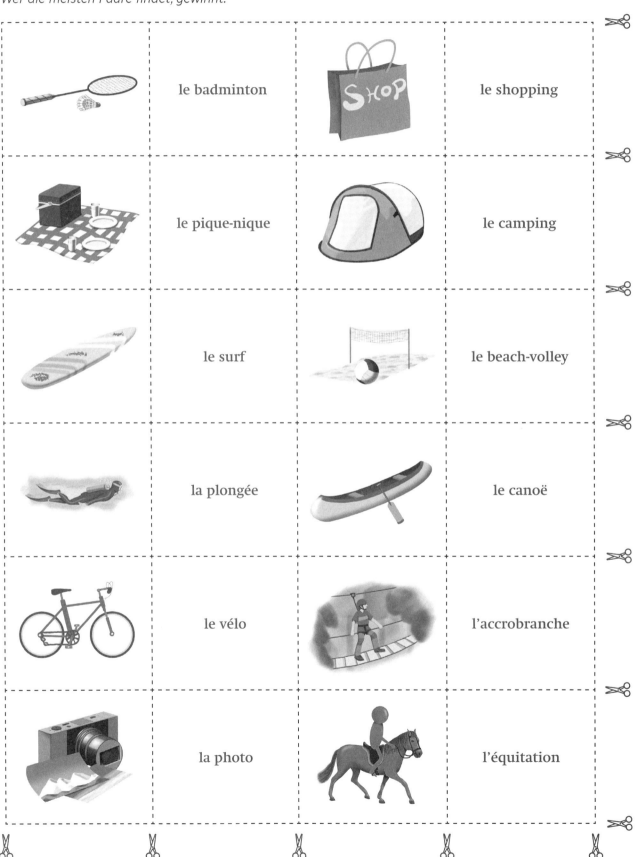

6

3 Images – C'est quelle photo? → SB S. 94/95, Nr. 1

1. Setzt euch gegenüber und schneidet die Bilder aus.
2. Legt die Bilder auf den Tisch.
3. Partner **A** sucht gedanklich ein Bild aus und beschreibt es so genau wie möglich. Partner **B** muss am Ende der Beschreibung herausfinden, welches Foto **A** beschrieben hat.
4. Tauscht anschließend die Rollen und beschreibt das nächste Bild usw.

> Tipp:
> – Die Antworten auf folgende Fragen können dir bei der Beschreibung helfen:
>   Sur la photo, c'est qui?
>   Il / elle passe ses vacances où?
>   Ils / elles passent les vacances où?
>   Qu'est-ce qu'il / elle fait là-bas?
>   Qu'est-ce qu'ils / elles font là-bas?
> – So kannst du deine Sätze beginnen:
>   Sur la photo, il y a …
>   Il / elle passe ses vacances …
>   Là-bas, il / elle fait …
>   Là-bas, ils / elles font …

Paris | Arcachon
Marrakech | Ardèche
Côte d'Azur | Biarritz

4 Tandembogen – Que fait Julie? → SB S. 96, Nr. 3/4

1. *Faltet den Bogen in der Mitte.*
2. *Partner **A** stellt die erste Frage. Partner **B** antwortet und stellt die nächste Frage usw.*
3. *Kontrolliert euch gegenseitig anhand der Lösungen in Klammern.*
4. *Tauscht die Rollen.*

A	B
Farid, qu'est-ce qu'il fait? [Il fait du canoë.]	
	Lina, qu'est-ce qu'elle fait? [Elle fait de l'équitation.]
Malika et Julie, qu'est-ce qu'elles font? [Elles font du vélo.]	
	Antoine et Maxime, qu'est-ce qu'ils font? [Ils font de la plongée.]
Farid et Théo, qu'est-ce que vous faites? [Nous faisons de l'accrobranche.]	Nous
Moi, je fais … Moi?	Et toi, qu'est-ce que tu fais? [Moi, je fais …]

6

5 Mediationskarten – Elle passe ses vacances où? → SB S. 97, Nr. 5

1. *Schneidet die Kärtchen aus und legt sie verdeckt auf den Tisch.*
2. *Partner **A** zieht eine Karte und liest die Aufgabe Partner **B** vor.*
3. ***B** überträgt die Angaben ins Französische und Partner **A** kontrolliert mithilfe der Lösung in Klammern.*
4. *Wird die Aufgabe richtig gelöst, darf der Spieler die Karte behalten und zieht die nächste Karte.*
5. *Gewonnen hat, wer am Schluss die meisten Karten besitzt.*

Wie fragst du einen Freund, wo er in den Ferien ist. [Tu es où en vacances?]	**Wie sagst du, dass du in Biarritz bist.** [Je suis à Biarritz.]	**Wie sagst du, dass du in der Bretagne bist.** [Je suis en Bretagne.]	**Wie sagst du, dass du in den Pyrenäen bist.** [Je suis dans les Pyrénées.]
Wie sagst du, dass du an der Côte d'Azur bist. [Je suis sur la Côte d'Azur.]	**Wie sagst du, dass du bei deiner Großmutter bist.** [Je suis chez ma grand-mère.]	**Wie sagst du, dass du bei dir zu Hause bleibst.** [Je reste chez moi.]	**Wie sagst du, dass du in Berlin bleibst.** [Je reste à Berlin.]
Wie fragst du einen Freund, was er während der Ferien macht? [Qu'est-ce que tu fais pendant les vacances?]	**Wie sagst du, dass du ans Meer gehst.** [Je vais à la mer.]	**Wie sagst du, dass du an den Strand gehst.** [Je vais à la plage.]	**Wie sagst du, dass du Beachvolleyball spielst.** [Je fais du beach-volley.]
Wie sagst du, dass du zeltest? [Je fais du camping.]	**Wie sagst du, dass du tauchst?** [Je fais de la plongée.]	**Wie sagst du, dass du reitest?** [Je fais de l'équitation.]	**Wie fragst du, mit wem?** [Avec qui?]
Wie sagst du, dass du deine Ferien mit deinen Eltern verbringst. [Je passe mes vacances avec mes parents.]	**Wie sagst du, dass du deine Ferien mit deinen Freundinnen verbringst.** [Je passe mes vacances avec mes copines.]	**Wie sagst du, dass ihr ein Museum besichtigt.** [On visite un musée.]	**Wie sagst du, dass ihr eine Kirche besichtigt.** [On visite une église.]

6 Tandembogen – On fait du canoë en Ardèche? → SB S. 99

1. *Faltet den Bogen in der Mitte und übertragt abwechselnd die Sätze ins Französische.*
2. *Kontrolliert euch gegenseitig anhand der Lösungen in Klammern.*
3. *Tauscht die Rollen.*

A (Tu es le moniteur / la monitrice.)	B (Tu es Julie.)
Du fragst Julie, warum sie in Panik gerät. Und sagst ihr, dass sie cool bleiben soll.	[Pourquoi tu paniques? Reste cool.]
[Parce que mon canoë tourne toujours à droite.]	Du erklärst, dass es deswegen ist, weil dein Kanu immer nach rechts dreht.
Du erklärst ihr, dass sie nach links drehen muss.	[Tourne à gauche.]
[Au secours! Un rocher!]	Du schreist um Hilfe, weil du auf einen Felsen fährst.
Du rufst Achtung und sagst, dass du kommst.	[Attention. J'arrive.]
[J'en ai marre.]	Du sagst genervt, dass du die Nase voll hast.

Name:　　　　　　　　　　　Klasse:　　　　　　　Datum:

6

👥 7 Frage-Antwort-Karten – Les vacances d'été → SB S. 100, Nr. 3

1. *Schneidet die Karten auseinander und setzt euch gegenüber.*
2. *Führt einen Dialog und übertragt die Vorgaben ins Französische. **A** beginnt, **B** antwortet und setzt das Gespräch fort.*
3. *Tauscht am Ende die Karten und wiederholt das Gespräch.*

A	B
(1) Du begrüßt deinen Freund / deine Freundin und fragst, was er / sie in den Ferien macht.	(1) [Salut. Qu'est-ce que tu fais pendant les vacances?]
(2) [Je suis dans / je fais une colonie sur la Côte d'Azur.]	(2) Du antwortest, dass du in einem Ferienlager an der Côte d'Azur bist.
(3) Du fragst, wann er / sie seine Ferien an der Côte d'Azur verbringt.	(3) [C'est quand, (tes vacances sur la Côte d'Azur)?]
(4) [En août.]	(4) Du sagst im August.
(5) Du fragst, mit wem er / sie in einem Zimmer ist.	(5) [Tu es dans une chambre avec qui?]
(6) [Avec deux filles.]	(6) Du erwiderst, dass du mit zwei Mädchen auf einem Zimmer bist.
(7) Du möchtest wissen, was sie an der Côte d'Azur machen.	(7) [Qu'est-ce que vous faites sur la Côte d'Azur?]
(8) [Nous allons à la plage. Nous faisons du canoë et de la plongée.]	(8) Du sagst, dass ihr an den Strand geht, Kanu fahrt und taucht.

8 Partnerbogen – Notre colonie → SB S. 100, Nr. 4

1. Partner **A** deckt den B-Teil und Partner **B** den A-Teil ab.
2. **A** nennt ein leeres Feld im A-Teil. **B** nennt den Satz, der sich in diesem Feld im B-Teil befindet.
   A ergänzt das Pronomen in seinem Satz.
3. Nun nennt **B** ein leeres Feld im B-Teil. **A** nennt den entsprechenden Satz in seinem Feld.
   B ergänzt den Satz mit dem jeweiligen Pronomen.
4. Deckt die Teile auf und korrigiert eure Pronomen.

A

	1	2	3
a	Voilà <u>notre</u> colonie en Bretagne.	C'est _____ armoire.	Ensuite, ils préparent <u>leur</u> pique-nique.
b	Ce sont _____ animateurs?	Nous rangeons <u>nos</u> affaires.	Maintenant, ils ont rendez-vous avec _____ animatrice.
c	Nous préparons <u>nos</u> vélos ensemble.	Les jeunes cherchent _____ vélos.	L'après-midi, ils ont rendez-vous avec <u>leur</u> animateur.
d	C'est _____ chambre?	Vous préparez <u>vos</u> vélos?	Enfin, ils prennent _____ vélos.

B

	1	2	3
a	Voilà _____ colonie en Bretagne	C'est <u>notre</u> armoire.	Ensuite, ils préparent _____ pique-nique.
b	Ce sont <u>vos</u> animateurs?	Nous rangeons _____ affaires.	Maintenant, ils ont rendez-vous avec <u>leur</u> animatrice.
c	Nous préparons _____ vélos ensemble.	Les jeunes cherchent <u>leurs</u> vélos.	L'après-midi, ils ont rendez-vous avec _____ animateur.
d	C'est <u>votre</u> chambre?	Vous préparez _____ vélos?	Enfin, ils prennent <u>leurs</u> vélos.

Name: _____ **Klasse:** _____ **Datum:** _____

6

9 Jeu de mime – Va tout droit! → SB S. 101, Nr. 5

1. Schneidet die Karten auseinander und legt sie verdeckt auf den Tisch.
2. Stellt euch gegenüber auf.
3. **A** nimmt eine Karte und macht pantomimisch den Befehl (Imperativ) vor, der auf dem Zettel steht. **B** versucht zu erraten, was **A** vorspielt.
4. Danach ist **B** an der Reihe usw.

Tourne à droite.	Tourne à gauche.	Ecoute de la musique.
Regarde dans ton livre.	Cherche un stylo.	Range ta table.
Jongle.	Chante une chanson.	Prépare un sandwich.

10 Domi-mots – Pourquoi …? Parce que … → SB S. 102, Nr. 8

1. Schneidet die Karten auseinander und mischt sie.
2. Verteilt die Karten gleichmäßig. Der Spieler mit der **Début-Karte** beginnt.
3. Wer den passenden Satz zur **Frage** hat, legt die **Parce que-Karte** an und liest den Satz laut vor. Danach wird die nächste **Pourquoi-Karte** gelegt.
4. Das Spiel ist beendet, wenn die **Fin-Karte** gelegt wurde.

Début	Tu fais des crêpes? Pourquoi?	Parce que j'ai faim.	Tu fais une fête samedi soir? Pourquoi?
Parce que samedi, c'est mon anniversaire.	Julie panique? Pourquoi?	Parce que son canoë va trop vite.	Julie tombe dans l'eau? Pourquoi?
Parce que son canoë va tout droit sur un rocher.	On va à la plage? Pourquoi?	Parce qu'il fait 32°C.	Antoine achète un sac de couchage? Pourquoi?
Parce qu'il fait du camping.	Tu fais de la plongée? Pourquoi?	Parce que j'aime les poissons.	Elles préparent des sandwichs? Pourquoi?
Parce qu'elles font un pique-nique.	Ils passent les vacances à Biarritz? Pourquoi?	Parce qu'ils aiment faire du surf.	**Fin**

11 Partnerbogen – Je suis en vacances → SB S. 103

1. *Schneidet den Bogen auseinander und setzt euch gegenüber.*
2. *__A__ beginnt und berichtet über die Ferien von Sami. __B__ trägt die Angaben in den grau unterlegten Kasten ein. Danach berichtet __B__ über die Ferien von Laurie und __A__ notiert diese Informationen.*
3. *Am Ende legt ihr die Bögen nebeneinander und kontrolliert, ob die eingetragenen Angaben korrekt sind.*
4. *Falls ihr Lust habt, zeichnet nun eine Tabelle mit einer „Toi"-Spalte und einer „Ton/ta partenaire"-Spalte und den Begriffen: où, temps, activités und là-bas. Jeder trägt nun seine Ferienerlebnisse in die „Toi"-Spalte ein, teilt sie seinem Partner mit, der diese Informationen dann in der „ton/ta partenaire"-Spalte notiert. Auch hier legt ihr am Ende die Spalten nebeneinander und überprüft eure eigenen Informationen.*

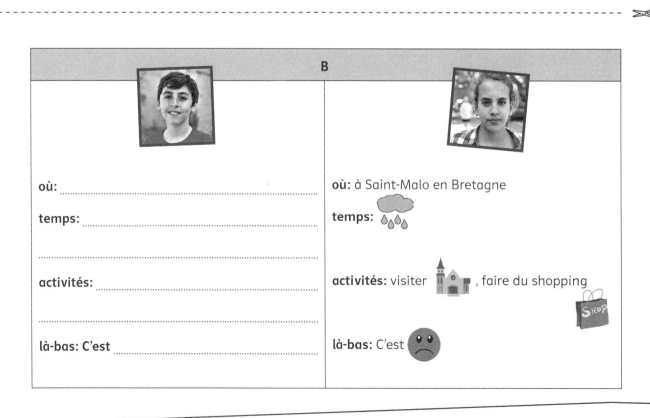

12 Jeu – Fragekarten → SB S. 103

Für das Spiel braucht ihr einen Würfel, Spielfiguren und diese Spielkarten. Schneidet die Fragekarten aus und legt sie verdeckt auf den Tisch. Die Spielanleitung und den Spielplan findet ihr auf S. 28.

1. Il fait quel temps?	2. Il fait quel temps?	3. Demain, on fait …
4. Complète: Je fais, tu …, il/elle/on …, nous …, vous …, ils/elles …	5. Aujourd'hui, on fait …	6. Je passe mes vacances … (35° Nice)
7. Je passe mes vacances … (21° Bretagne)	8. Tourne … →	9. Tourne … ←
10. Décodez *(Entschlüsselt)* les mots: – nitam el – idim à – idim-sèrpa 'l – rios el	11. On fait …	12. Sur la Côte d'Azur, je fais …
13. Saint-Malo, c'est … – dans les Pyrénées – en Provence – en Bretagne?	14. Tu paniques dans l'eau et tu as peur. Tu dis …	15. Complète la phrase: Ma mère prépare un énorme …

Lösungskarte für den Spielführer:

1. Il fait beau.	2. Il pleut.	3. Demain, on fait du canoë.
4. Je fais, tu fais, il/elle/on fait, nous faisons, vous faites, ils/elles font	5. Aujourd'hui, on fait de l'équitation.	6. Je passe mes vacances à Nice.
7. Je passe mes vacances en Bretagne.	8. Tourne à droite.	9. Tourne à gauche.
10. le matin, à midi, l'après-midi, le soir	11. On fait du camping.	12. Sur la Côte d'Azur, je fais du beach-volley, de la plongée et du canoë.
13. Saint-Malo, c'est en Bretagne.	14. Au secours.	15. Ma mère prépare un énorme couscous.

Mon Agenda Name: Klasse:

Lektion	Übungstitel	Wann bearbeitet?	Wie gut hat die Übung geklappt?		
			😊	😐	☹️

Lösungen

Leçon 1

1 Bonjour, la France!
Zu Frankreich zuzuordnen sind folgende Bilder:
Croissant, Supermarkt, la tour Eiffel, Baguette, Kidtonik, Bäckerei, Velib, Metro, Quiche Lorraine, Camembert, Autobahnschild Frankreich, Restaurant, Crêpe, Crêperie, Post in Frankreich, Collège, TGV

2 Puzzle: Salut et au revoir
Maxime: Salut, Julie.
Julie: Salut, Maxime. Ça va?
Maxime: Oui, ça va. Et toi, Julie?
Julie: Ça va, merci.
Maxime: Au revoir, Julie.
Julie: Salut.
Lösungswort: Pardon.

6 Bonjour madame, salut Marie!
Lösungsvorschläge:
Maxime und Julie:
Julie: Salut, Maxime.
Maxime: Salut, Julie.
Julie: Ça va?
Maxime: Oui, ça va.

Julie und Malika:
Malika: Salut, Julie.
Julie: Salut, Malika.
Malika: Ça va?
Julie: Oui, merci.
Malika: Au revoir, Julie.
Julie: Au revoir, Malika.

Farid, Lina und Emma:
Farid: Salut, Emma.
Emma: Salut, Farid.
Farid: Ça va?
Emma: Oui, ça va.
Farid: Salut!
Lina: Salut!
Farid: Ça va?
Lina: Oui, merci.

Emma, Lina und Farid:
Farid: Comment tu t'appelles?
Lina: Je m'appelle Lina.
Farid: Salut, Lina.
Lina: Salut, Farid.

Mme Laval und Maxime:
Maxime: Bonjour, Mme Laval.
Mme Laval: Bonjour, Maxime.
Maxime: Ça va, Madame Laval?
Mme Laval: Oui, merci.
Maxime: Au revoir, Mme Laval.
Mme Laval: Au revoir, Maxime.

M. Petit und Mme Laval:
M. Petit: Bonjour, madame.
Mme Laval: Bonjour, monsieur.
M. Petit: Ça va?
Mme Laval: Oui, ça va.
M. Petit: Au revoir, madame.
Mme Laval: Au revoir, monsieur.

Maxime, Amir, Malika:
Malika: Salut, Maxime.
Maxime: Salut!
Amir: C'est qui?
Maxime: C'est Malika.

Lina, Emma, Théo, Farid:
Farid et Théo: Salut, Lina. Salut, Emma.
Lina et Emma: Au revoir, Théo. Salut, Farid.

Leçon 2

3 Partnerbogen – Un ou une?
une casquette, une minute, un euro, un chat, un chien, un magazine, une règle, un livre, une trousse, un crayon, un stylo, un effaceur, un sac, un cahier, une gomme

4 Dialogue – A la papeterie
Lösungsbeispiele:
(Die beiden Dialoge sind Beispieldialoge. Die Schülerin / Der Schüler sucht sich 2 oder auch 3 Karten aus und verwendet den exemplarischen Dialog, um die auf den Kärtchen abgebildeten Dinge kaufen zu können. Der Preis richtet sich nach den Angaben, die auf den Karten vermerkt sind.)

Beispieldialog 1:
A: Bonjour, madame / monsieur. Un effaceur, s'il vous plaît.
B: Voilà. Ça fait un euro.
A: Un magazine de pop. Super!
B: Alors, un effaceur et un magazine, ça fait quatre euros.
A: Voilà.
B: Merci.
A: Au revoir, madame / monsieur.

Beispieldialog 2:
A: Bonjour, madame / monsieur. Une gomme et un stylo, s'il vous plaît.
B: Voilà. Ça fait deux euros.
A: Et un livre.
B: Alors, une gomme, un stylo et un livre, ça fait douze euros.
A: Voilà.
B: Merci.
A: Au revoir, madame / monsieur.

9 Puzzle – Elle s'appelle comment?
Amir: Maxime a un frère?
Julie: Oui. Et il a aussi une sœur.
Amir: Elle s'appelle comment?
Julie: Elle s'appelle Camille.
Amir: Elle a quel âge?
Julie: Elle a huit ans.
Amir: Et Maxime a un chien?
Julie: Oui.
Amir: Il a aussi un chat?
Julie: Non.
Lösungswort: la chaussette

11 Partnerbogen – Elle a quel âge?
1. Camille:
B: Elle a quel âge?
A: Elle a 8 ans.
B: Elle a un frère?
A: Oui, elle a un frère.
A: Il s'appelle comment?
B: Il s'appelle Antoine.
B: Il a quel âge?
A: Il a 14 ans.
B: Elle a une sœur?
A: Non.
B: Elle habite à …?
A: Oui. / Non. Elle habite à Paris.
B: Elle a un chien?
A: Oui. Elle a un chien.
B: Il s'appelle comment?
A: Il s'appelle Titou.
B: Elle a aussi un chat?
A: Non.

Lösungen

2. Sami
A: Il a quel âge?
B: Il a 12 ans.
A: Il a un frère?
B: Non.
A: Il a une sœur?
B: Oui, il a une sœur.
A: Elle s'appelle comment?
B: Elle s'appelle Célia.
A: Elle a quel âge?
B: Elle a 18 ans.
A: Il habite à …?
B: Oui./Non. Il habite à Paris.
A: Il a un chien?
B: Oui. Il a un chien.
A: Il s'appelle comment?
B: Il s'appelle Frédo.
A: Il a aussi un chat.
B: Non.

3. Laurie
B: Elle a quel âge?
A: Elle a 11 ans.
B: Elle a un frère?
A: Oui.
B: Il s'appelle comment?
A: Il s'appelle Charles.
B: Il a quel âge?
A: Il a 15 ans.
B: Elle a une sœur?
A: Oui. Elle a une sœur.
A: Elle s'appelle comment?
B: Elle s'appelle Anne.
B: Elle a quel âge?
A: Elle a 9 ans.
B: Elle habite à …?
A: Oui./Non. Elle habite à Metz.
B: Elle a un chien?
A: Non.
B: Elle a un chat?
A: Oui. Elle a un chat.
B: Il s'appelle comment?
A: Il s'appelle Minou.

4. Nicolas
A: Il a quel âge?
B: Il a 11 ans.
A: Il a un frère?
B: Oui. Il a un frère.
A: Il s'appelle comment?
B: Il s'appelle David.
A: Il a quel âge?
B: Il a 9 ans.
A: Il a une sœur?
B: Oui. Il a une sœur.
A: Elle s'appelle comment?
B: Elle s'appelle Mathilde.
A: Elle a quel âge?
B: Elle a 7 ans.
A: Il habite à …?
B: Oui./Non. Il habite à Lyon.
A: Il a un chien?
B: Non.
A: Il a un chat?
B: Oui. Il a un chat.
A: Il s'appelle comment?
B: Il s'appelle Miro.

Leçon 3

7 Puzzle – Des crêpes
Après le match, les amis arrivent chez madame Moretti.
Elle a une crêperie.
Les copains ont faim et soif.
Amir: Mme Moretti, nous avons la coupe!
Mme Moretti: Bravo. Alors, il y a des crêpes pour tout le monde.
Maxime: Mmm, ce sont des crêpes au chocolat.
Mme Moretti: Oui, et maintenant, une photo.
Mme Moretti: Spaghettis!
Lösungswort: le chocolat

8 Puzzle – Des phrases
J'ai — soif.
Tu as — faim.
Malika a — un match.
Nous avons — une idée.
Vous avez — une photo.
Les filles ont — la coupe.

10 Partnerbogen – Qu'est-ce qu'il fait mardi?
A: lundi: le roller; mardi: le skate, mercredi: le foot, jeudi: la musique; vendredi: la danse, samedi: le hip-hop, dimanche: les jeux vidéo
B: lundi: la danse; mardi: les jeux vidéo, mercredi: le skate, jeudi: le hip-hop; vendredi: le roller, samedi: le foot; dimanche: la musique

Leçon 4

8 Puzzle – Des phrases
Elle est classe, ta casquette/ta raquette de ping-pong.
Il est cool, ton portable/ton babyfoot.
Elles sont super, tes chaussures.
Ils sont super, tes jeux vidéo.
Elle est cool, ta casquette/ta raquette de ping-pong.
Il est classe, ton portable/ton babyfoot.

12 Frage-Antwort-Karten – Où est mon portable?
A: Salut + *Name*, je cherche mes affaires. Où est mon stylo?
B: Je ne sais pas.
A: Et où est ma gomme?
B: Elle est sur la table.
A: Où sont mes cahiers?
B: Ils sont sous le lit.
A: Où est ma règle?
B: Elle est sur le bureau. Et où est mon portable?
A: Euh, il est dans le sac.

13 Frage-Antwort-Karten – Où sont ses affaires?
A: Antoine cherche son portable?
B: Non, il cherche sa guitare électrique. Il cherche aussi son jeu vidéo?
A: Non, il cherche sa raquette de ping-pong. Camille cherche son rouge à lèvres?
B: Non, elle cherche son gâteau. Elle cherche aussi ses DVD?
A: Non, elle cherche ses chaussures.